SUR

LE STÉRÉOGRAPHE

NOUVEL INSTRUMENT CRANIOGRAPHIQUE

DESTINÉ

A DESSINER TOUS LES DÉTAILS DU RELIEF DES CORPS SOLIDES

PAR

M. PAUL BROCA

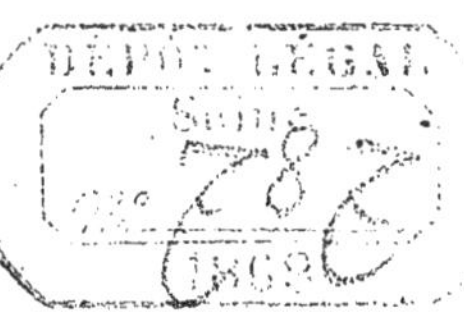

MÉMOIRE COMMUNIQUÉ A LA SOCIÉTÉ D'ANTHROPOLOGIE DE PARIS

LE 7 DÉCEMBRE 1865

PARIS

TYPOGRAPHIE HENNUYER ET FILS

7, RUE DU BOULEVARD, 7

1868

SUR LE STÉRÉOGRAPHE

NOUVEL INSTRUMENT CRANIOGRAPHIQUE

DESTINÉ

A DESSINER TOUS LES DÉTAILS DU RELIEF DES CORPS SOLIDES

PAR M. PAUL BROCA

Mémoire communiqué à la Société d'Anthropologie le 7 décembre 1865 (1).

Le crâniographe que j'ai fait construire en 1861 donne des dessins géométriques sur lesquels on peut étudier et mesurer les caractères crâniologiques les plus importants; mais, quoiqu'il permette à la rigueur de reproduire la courbe horizontale et la courbe transversale, il n'est réellement utile que pour dessiner la courbe de profil du crâne et de la face. D'ailleurs, il ne donne que les contours extrêmes des corps. Il m'a donc paru utile de le modifier de manière à pouvoir dessiner d'un trait continu, non-seulement les courbes extrèmes, mais encore tous les détails de la surface du crâne, et à obtenir des dessins aussi complets, plus complets même, comme on le verra, que ceux que donnent la photographie, le diagraphe, ou l'appareil à calquer de Lucæ.

J'ai désigné ce nouvel instrument sous le nom de *stéréographe* (de στερεός, corps solide), parce qu'il permet de dessiner non-seulement le crâne, mais encore tout autre corps solide dont les dimensions n'excèdent pas beaucoup celles du crâne.

Le stéréographe ne diffère du crâniographe de 1861 que par la disposition de la partie de l'instrument qui porte le nom d'*avant-bras*, par la suppression des fiches auriculaires et par une modification du procédé suivi pour l'orientation du crâne.

(1) Cet instrument a figuré à l'Exposition universelle, dans la vitrine du constructeur M. Mathieu, qui en a déjà fabriqué plusieurs pour divers laboratoires français et étrangers.

8

L'avant-bras du crâniographe (1) se compose d'une seule branche qui se meut entre le plan de l'écran et celui de la courbe crânienne que l'on veut reproduire. Il supporte la *tige traçante*, qui reste toujours perpendiculaire au plan de l'écran, et dont l'extrémité interne, armée d'un crayon, affleure ce plan, tandis que sa partie externe, constituée par une mince *aiguille* d'acier trempé, parcourt successivement tous les points de la surface crânienne qui lui sont accessibles. On obtient ainsi un tracé comparable à une silhouette, en supposant toutefois que celle-ci soit produite par un foyer lumineux assez éloigné pour donner des rayons parallèles.

Les deux parties de la tige traçante, savoir : le crayon et l'aiguille, étant continues l'une à l'autre, et celle-ci devant être assez longue pour atteindre ou même dépasser le plan de la courbe crânienne que l'on dessine, il est impossible de promener l'aiguille sur les points de la surface du crâne compris entre ce plan et celui de l'écran. Par exemple, dans les dessins de profil, on ne peut atteindre les contours de l'os temporal, et encore moins le trou auditif; et comme il est cependant indispensable d'obtenir au centre de la figure la projection du point auriculaire, il a fallu recourir à l'emploi d'un petit appareil supplémentaire supportant une *tige auriculaire,* qui est ensuite poussée vers l'écran. Tout autre point excentrique pourrait sans doute être reporté sur le dessin par des procédés analogues, mais cela exigerait des constructions assez longues, et il serait bien préférable de pouvoir dessiner d'un trait continu tous les détails de la surface du crâne.

J'ai atteint ce but en remplaçant l'avant-bras à une branche du crâniographe par un avant-bras à deux branches *a* et *b* (pl. VI, fig. 1). La branche interne *a* supporte le crayon qui affleure l'écran. La branche externe *b* supporte l'aiguille, ou plutôt la *tringle* qui remplace l'aiguille du crâniographe. L'intervalle compris entre ces deux branches doit être égal à leur longueur et supérieur au plus grand diamètre du crâne. C'est entre elles, en effet, que se place le crâne, supporté par le crâniophore.

Le crayon est fixé dans un premier tube qui traverse la

<hr>

(1) Voir la description et la figure du crâniographe dans *Mém. de la Soc. d'anthrop.*, t. 1, p. 555 et pl. VII.

branche *a*; et la tringle, qui est terminée en pointe mousse à sa partie interne, mais qui est exactement cylindrique dans le reste de sa longueur, se meut dans un second tube qui traverse la branche *b*. Ces deux tubes sont disposés de telle sorte que leurs axes se confondent en un seul, qui est parallèle aux axes des deux charnières *c* et *d*, et qui, par conséquent, reste toujours perpendiculaire au plan de l'écran. La pointe de la tringle correspond exactement à l'axe des deux tubes, et il en résulte que, lorsqu'on promène la pointe de la tringle sur l'un des contours du crâne, ou sur l'une des lignes de sa surface, le crayon trace sur l'écran une figure qui est l'exacte projection de ce contour ou de cette ligne. Mais les parties que l'on veut dessiner n'étant pas toutes dans un même plan, et étant par conséquent inégalement distantes de la branche *b*, la pointe de la tringle ne pourrait les atteindre si l'on ne pouvait la faire avancer ou reculer. La tringle est donc mobile dans le tube qu'elle traverse ; un anneau, qui est fixé par une vis sur son extrémité externe, et dans lequel on engage le pouce de la main droite, permet de la pousser ou de la retirer suivant les besoins, pendant que la main gauche, saisissant la poignée articulée qui termine la branche *b*, communique à l'avant-bras du stéréographe des mouvements en haut, en bas, en avant ou en arrière, qui portent successivement la tringle sur le niveau des parties à dessiner. En combinant les mouvements de totalité imprimés par la main gauche, avec le glissement horizontal communiqué à la tringle par la main droite, on parcourt successivement sur la surface du crâne (ou de tout autre corps mis à sa place) toutes les lignes que l'on veut dessiner, et qui sont en même temps tracées sur l'écran par le crayon.

On dessine ainsi avec la plus grande facilité les sutures, les crêtes temporales, les contours des orbites, des arcades zygomatiques, du trou auditif, des dents, etc. Mais lorsqu'on veut prendre les contours extrêmes du crâne, on s'aperçoit que la pointe de la tringle conique ne peut pas les atteindre ; cette tringle, en effet, a 4 millimètres de diamètre, de sorte que sa pointe reste toujours placée à 2 millimètres au delà des corps sur lesquels s'appuie sa partie cylindrique. Pour dessiner exactement les contours extrêmes du crâne, on est donc obligé d'employer, à la place de la *tringle conique*, une autre tringle, la *tringle en couteau* (fig. 2, A), dont la partie interne, au lieu d'être cylindro-conique, présente une arête longitudinale située dans l'axe de la tringle, c'est-à-dire dans l'axe du crayon. Par exemple, pour dessiner le contour extrême du profil du crâne, on introduit dans le tube de la branche *b* la tringle en couteau, et on la pousse assez loin pour qu'elle dépasse de plusieurs centimètres le plan du profil. Alors on applique transversalement l'arête ou le tranchant du couteau sur le bord inférieur des dents incisives ou de l'arcade dentaire; on suit de bas en haut, puis d'avant en arrière, et ainsi de suite, jusqu'au trou occipital, toute la ligne du profil du crâne. Ici, on n'a besoin ni d'allonger ni de raccourcir la tringle, mais il est nécessaire de lui imprimer avec la main droite un lent mouvement de rotation, afin que l'arête reste constamment en contact avec la surface du crâne. De la sorte, en passant d'une extrémité du crâne à l'autre, la tringle en couteau décrit sur son axe un mouvement de rotation d'un demi-cercle, et d'un cercle entier lorsqu'on fait tout le tour du crâne. Ce mouvement, au surplus, s'effectue avec la plus grande facilité, car il n'a pas besoin d'être continu et uniforme; il suffit de veiller à ce que le tranchant du couteau soit toujours en contact avec la surface du crâne.

Cette courbe du contour extrême, obtenue au moyen de la tringle en couteau, est précisément celle que donnait l'ancien crâniographe; mais elle est plus exacte, sinon dans sa forme, du moins dans ses dimensions. En présentant mon premier crâniographe à la Société, en 1861, j'avais fait remarquer que le diamètre des dessins l'emportait sur celui de l'objet dessiné d'une quantité égale au diamètre de l'aiguille traçante (1). En effet, ce n'était pas l'axe de l'aiguille, mais sa surface qui suivait le contour du crâne, de sorte que le crayon, placé dans l'axe, se trouvait constamment situé au delà du contour, en le dépassant d'une quantité égale à la moitié du diamètre de l'aiguille. Il avait donc fallu, pour atténuer autant que possible cet inconvénient, réduire l'aiguille à un très-petit volume. Pour cela, j'avais d'abord employé des aiguilles de 1 millimètre de diamètre. Mais leur flexibilité rendait la manœuvre difficile, et j'avais fini par donner la préférence aux

___

(1) *Bull. de la Soc. d'anthropologie*, 1861, t. II, p. 679-680. Voir aussi *Mém. de la Soc. d'anthrop.*, t. I, p. 375.

aiguilles de 2 millimètres, ce qui augmentait de 2 millimètres les dimensions des dessins. Sans exagérer les inconvénients de cette erreur, qui n'exerçait aucune influence sur les mesures angulaires, j'avais montré qu'elle devenait assez grave lorsque les parties dessinées étaient de petites dimensions, comme, par exemple, le trou occipital, l'épine nasale et le bord alvéolaire, et, quoique j'eusse donné le moyen de la corriger, il était clair cependant que c'était là une imperfection du crâniographe. Cette imperfection n'existe plus dans le stéréographe. La tringle traçante étant rendue indépendante, il est devenu facile de la faire tourner sur son axe et d'établir sur cet axe même une arête qui suit exactement le contour du crâne. Le crayon trace donc sur l'écran la projection *rigoureuse* de ce contour.

Pour dessiner avec le stéréographe un crâne ou tout autre corps solide placé entre les deux branches de l'avant-bras de l'instrument, on trace d'abord, avec la tringle en couteau, le contour extrême de ce corps ; puis, substituant à cette tringle la tringle conique, on dessine d'un trait continu, jusque dans les moindres détails, les contours des sutures, les dépressions et les saillies, les os de la face, les dents, etc. ; et l'on obtient un dessin géométrique sur lequel sont représentées toutes les parties accessibles à l'œil, toutes celles que pourrait reproduire la photographie ou le crayon d'un artiste habile, — avec cette différence toutefois que les dessins du stéréographe, comme ceux du crâniographe, sont des figures *géométrales* ou de projection, où les rapports sont rigoureusement conservés, — tandis que les représentations artistiques sont *perspectives*, c'est-à-dire représentent les objets, non tels qu'ils sont, mais tels qu'on les voit, avec des rapports et des proportions relatives qui varient suivant le point de vue et même suivant la distance. Les dessins du stéréographe sont absolument pareils à ceux que donne le diagraphe géométral, et aux calques que l'on obtient avec le *diopter* de Lucæ. Ils sont d'une exécution plus facile et plus rapide ; mais ce ne serait qu'un bénéfice de peu d'importance, si le mécanisme du stéréographe ne permettait d'ajouter, à la représentation des parties accessibles à l'œil, celle des parties masquées par les saillies osseuses ; avantage considérable, car cette indication, dont l'utilité a été comprise par beaucoup d'auteurs, n'a pu être réalisée jusqu'ici que par des moyens indirects et d'une application très-difficile.

Que l'on considère, par exemple, un dessin de profil du crâne. Le but que se propose surtout l'anthropologiste en étudiant ce dessin, est d'apprécier les rapports qu'affectent les diverses parties osseuses avec la courbe médiane du crâne. Mais il ne faut pas croire que cette courbe médiane constitue partout le contour extérieur de la figure ou de la silhouette de profil. Les parties qui limitent le profil du crâne sont situées les unes sur la ligne médiane, les autres sur les côtés. Ainsi, dans la portion qui correspond à la région des incisives, au nez, à la partie supérieure du front et au reste de la voûte du crâne jusqu'à la protubérance occipitale, la courbe du profil se confond avec la courbe médiane du crâne. Mais, à la base du front, les arcades sourcilières et, un peu plus haut, les bosses frontales font quelquefois sur les côtés plus de saillie que la ligne médiane ; de même, la saillie des bosses cérébelleuses déborde souvent celle de la petite crête médiane qui s'étend de la protubérance occipitale au bord postérieur du trou occipital. En bas, enfin, l'apophyse mastoïde, l'apophyse styloïde, la crête vaginale se dessinent sur le profil, en masquant le trou occipital et l'apophyse basilaire, tandis que l'arcade alvéolo-dentaire et l'apophyse ptérygoïde cachent de la même manière la place de la voûte palatine. Pour remédier à cet inconvénient, et pour tirer tout le profit possible des dessins de profil, M. Lucæ a eu recours à la superposition de deux dessins de couleurs différentes, obtenus, à l'aide du diopter, l'un sur le crâne vu de profil, l'autre sur une coupe médiane du même crâne. Ce procédé lui a donné des résultats pleins d'intérêt. Mais, d'une part, il faut beaucoup de soin et d'habileté pour obtenir l'exacte superposition des dessins, car la plus minime inclinaison de l'une des courbes peut donner lieu à des erreurs graves ; et, d'une autre part, un procédé qui exige l'intervention de la scie ne peut évidemment recevoir qu'une application fort restreinte dans les musées, où la plupart des crânes doivent être conservés sans mutilation.

La disposition du stéréographe permet d'obtenir rapidement, facilement, exactement, et sans le secours de la scie, la superposition du dessin de profil, et du dessin de la coupe médiane, ou de toute autre coupe parallèle au plan de l'écran. Il suffit pour cela de remplacer le crayon noir par un crayon de couleur, et de substituer aux tringles rectilignes, qui donnent le dessin d'ensemble, une troisième tringle dont l'extrémité interne est recourbée (fig. 2, C). La courbure de cette extrémité est assez forte pour que son bec puisse atteindre les points masqués par les saillies osseuses ; le bec revient se placer exactement sur le prolongement de l'axe de la tringle, de sorte que, dans les mouvements du stéréographe, le crayon dessine toujours sur l'écran la figure des parties sur lesquelles ce bec est promené.

Pour éviter le changement des crayons, j'ai fait placer sur chacune des deux branches de l'avant-bras de l'instrument deux tubes qui se répondent respectivement. Un petit bouton à vis fait avancer de 2 à 3 millimètres le crayon dont on va se servir (1), et l'on introduit la tringle convenable dans celui des deux tubes externes qui est situé sur l'axe de ce crayon. La tringle conique et la tringle en couteau s'introduisent directement : mais la tringle recourbée s'introduit de dedans en dehors, parce que sa partie recourbée ne pourrait pas passer dans le tube.

Lorsque la tringle courbe est en place, on applique son bec sur l'un des points de la ligne médiane, et l'on adapte à son extrémité externe l'anneau qui doit recevoir le pouce de la main droite. Cet anneau, commun d'ailleurs aux trois tringles, est coulant ; on le fixe au ras du tube à l'aide d'une vis de pression ; dès lors, la distance comprise entre le bec de la tringle et la branche b ne variera plus, et le bec de la tringle ne pourra se mouvoir que dans un plan parallèle au plan de l'écran. Or, il est placé sur la ligne médiane du crâne, et celui-ci est disposé sur le crâniophore dans une situation telle, que son plan médian est parallèle au plan de l'écran. Par conséquent, le bec de l'instrument, promené à la surface du crâne, restera toujours sur la ligne médiane, et le crayon des-

(1) Pour maintenir la pointe du crayon en contact avec l'écran, j'avais d'abord fait placer dans le porte-crayon un petit ressort à boudin ; mais il était difficile d'interrompre le contact lorsqu'on voulait passer d'un point à un autre. On était obligé de forcer l'instrument pour l'écarter de l'écran, et cela exposait à le fausser. Un mouvement de glissement horizontal qui s'effectue dans l'axe de la charnière à pivot c, au niveau du coude du stéréographe, permet maintenant de pousser à volonté l'avant-bras vers l'écran, ou de le retirer, sans déranger le parallélisme. C'est donc par la pression de la main qu'on fait marquer le crayon.

sinera exactement sur l'écran le contour que l'on obtiendrait si l'on pratiquait sur le crâne un trait de scie médian et antéro-postérieur. Pour atteindre la base du crâne et la face inférieure de la voûte palatine, on dirige en haut le bec de la tringle, dont la concavité passe au dessous de la bosse cérébelleuse, de l'apophyse mastoïde et de l'arcade dentaire; on dirige, au contraire, le bec en bas et en arrière, pour dessiner la courbe médiane de la base du front, en évitant la saillie des arcades sourcilières et des bosses frontales. Il est inutile de dessiner de la même manière le reste de la voûte du crâne jusqu'à la protubérance occipitale, parce que, dans toute cette région, le contour extrême déjà obtenu avec la tringle en couteau se confond presque toujours avec le contour de la ligne médiane.

Je n'ai pas besoin de faire remarquer que le point basilaire, ou bord antérieur du trou occipital, fait partie de la courbe médiane inférieure dessinée à l'aide de la tringle recourbée. Le procédé particulier employé dans le crâniographe pour reporter, au moyen d'une graduation millimétrique, le point basilaire sur le dessin de profil, est donc devenu inutile.

Nous n'avons parlé jusqu'ici que des dessins de profil, mais on peut, tout aussi aisément, dessiner le crâne par devant ou par derrière; il suffit pour cela de retourner le crâniophore. On commence toujours par dessiner le contour extrême avec la tringle en couteau, puis on représente les détails avec la tringle conique. Enfin, lorsqu'on veut y ajouter par superposition le dessin de la coupe transversale verticale qui passe par les deux conduits auditifs externes, on se sert de la tringle recourbée et du crayon de couleur. Si l'on voulait y ajouter encore la projection de toute autre coupe verticale, il suffirait de donner à la tringle recourbée une longueur telle, que son bec vînt correspondre au plan de cette coupe. Enfin, on pourrait représenter également la projection d'une coupe oblique, en figurant à l'avance cette coupe sur le crâne, soit avec un trait de crayon, soit avec un fil, dont le bec de la tringle suivrait ensuite le trajet.

Mais pour dessiner correctement la face antérieure ou la face postérieure du crâne, il est nécessaire de donner à la tête une bonne orientation, c'est-à-dire de maintenir la face inférieure dans le plan horizontal, en plaçant la courbe verticale biauriculaire dans un plan exactement parallèle à l'écran.

Cela n'est point aussi facile qu'on peut le croire au premier abord, parce que beaucoup de crânes, comme on sait, ne sont pas exactement symétriques. L'orientation du crâne devient plus difficile encore lorsqu'on veut dessiner la face supérieure ou la face inférieure de la tête. Disons donc, maintenant, de quelle manière le crâne doit être fixé pour être représenté à l'aide du stéréographe dans une attitude constante pour chacune de ses cinq faces, antérieure, postérieure, supérieure, inférieure et latérale.

Cette question est entièrement neuve. Je m'en suis occupé, il y a quelques années, à l'occasion du crâniographe ; mais cet instrument étant destiné presque exclusivement à reproduire la courbe de profil, je m'étais borné alors à régler l'orientation de la face latérale du crâne. Quant aux autres auteurs qui, avant ou depuis cette époque, se sont occupés de crâniographie, ils ont gardé sur ce sujet le plus complet silence. M. Lucæ, en particulier, l'inventeur du procédé du *diopter*, ne s'est pas expliqué sur la position qu'il donne au crâne pour le dessiner. N'ayant rien trouvé sur ce point dans ceux de ses ouvrages qui sont venus à ma connaissance, j'ai demandé des explications à mon ami le professeur Vogt, qui se sert fréquemment du procédé de Lucæ. Il m'a répondu que, pour calquer un crâne, il le plaçait simplement sur une table dans la position convenable. Par exemple, pour dessiner la face supérieure (*norma verticalis*, de Blumenbach), on fait reposer le crâne sur sa face inférieure, en lui laissant prendre son équilibre à sa guise ; si l'on veut dessiner sa face latérale, on le couche sur le plat, en l'étayant de telle sorte que son plan de profil soit, ou du moins paraisse, parallèle au plan de la table, et ainsi de suite (1). Pour des dessins pittoresques, destinés uniquement à reproduire l'aspect du crâne et à donner une idée de sa conformation aux personnes qui ne l'ont pas sous les yeux, cette approximation serait parfaitement suffisante. Mais les dessins géométriques ont une autre destination, qui est de se prêter à des mensurations et à des déterminations difficiles ou impossibles à obtenir sur le crâne

(1) Il est sans doute superflu de rappeler que les dessins fournis par le procédé de Lucæ sont des calques tracés à la plume sur une lame de verre horizontale, et que les objets à représenter sont placés au-dessous de cette lame pour être vus de haut en bas.

même. Substituant, par la méthode des projections, la géométrie de plan à la géométrie de l'espace, ils permettent de constater avec précision les rapports des diverses parties situées dans des plans différents. C'est là le but de ces dessins, c'est là leur avantage, et, en conséquence, loin de fournir des données utiles, ils deviendraient, au contraire, tout à fait trompeurs, si les crânes dont on compare les dessins n'étaient pas représentés rigoureusement dans la même attitude. Il est clair, par exemple, que, sur les dessins de profil, une déviation même légère suffit pour déplacer de plusieurs millimètres la projection du conduit auditif ou de toute autre partie éloignée de la ligne médiane.

Aussi tout le monde a-t-il compris la nécessité de donner aux crânes que l'on représente une direction constante. C'est un principe adopté aujourd'hui par tous les auteurs, à l'exception de M. Welcker, que les vues du crâne doivent être représentées exactement de face ou exactement de profil; si M. Welcker continue à préconiser les dessins de trois-quarts, déjà usités dans quelques cas par Blümenbach, c'est parce qu'il n'accepte pas les tracés géométriques, et il n'est pas douteux que, sous le point de vue du pittoresque, un trois-quarts plus ou moins fuyant peut montrer sur un même dessin la réunion de certains traits qu'on ne peut voir qu'à l'état d'isolement sur les dessins de face ou de profil. Mais M. Welcker se garde bien de se servir de ces figures pour pratiquer des mensurations, ou déterminer des rapports; car il sait que le trois-quarts ne saurait constituer une attitude fixe. Il n'y a qu'une seule face, qu'un seul profil, mais il y a une infinité de trois-quarts, depuis celui qui est presque de face jusqu'à celui qui est presque de profil. Les autres attitudes obliques, telles que les inclinaisons en avant ou sur le côté, que M. Welcker combine quelquefois avec le trois-quarts, sont plus variables encore. En présentant ces remarques, je n'ai pas l'intention de prendre parti contre M. Welcker dans sa discussion avec M. Lucæ sur la valeur relative des dessins perspectifs et des dessins géométriques. S'il fallait choisir entre ces deux systèmes de dessins, je n'hésiterais pas à dire que les dessins géométriques sont de beaucoup les plus utiles; mais ce n'est pas ainsi que la question doit se poser, car les deux méthodes ne s'excluent pas, et ont chacune leur genre d'utilité. Lorsqu'on veut joindre à une description une figure qui puisse pour ainsi dire parler à l'œil, et qui puisse permettre au lecteur de se représenter le mieux possible un objet absent, les dessins perspectifs, tels que les donne la photographie, doivent recevoir la préférence. Mais les dessins géométriques sont les seuls qui puissent se prêter à des études crâniologiques, et ils constituent un des meilleurs procédés d'investigation de la crâniologie scientifique.

J'ajoute maintenant que, sur la question des trois-quarts, M. Welcker est à peu près seul de son avis, et que, même pour les dessins perspectifs, on recommande généralement que le plan médian du crâne soit exactement parallèle ou exactement perpendiculaire au plan du dessin. Supposant le crâne inscrit dans une boîte rectangulaire, on est convenu de lui considérer six faces *cardinales* correspondant respectivement aux six parois de la boîte, qui sont parallèles deux à deux ; ou encore, on rapporte le crâne à *trois plans cardinaux*, qui sont le plan horizontal, le plan vertical antéro-postérieur et le plan vertical transversal, perpendiculaire aux deux précédents. Les deux faces latérales, ou de profil, rapportées au plan antéro-postérieur, n'en font pour ainsi dire qu'une seule, puisque les deux moitiés du crâne sont à peu près symétriques. Les quatre autres faces du crâne se rapportent, deux à deux, aux deux autres plans cardinaux, la face antérieure et la face postérieure au plan transversal, la supérieure et l'inférieure au plan horizontal. Pour dessiner l'une quelconque de ces faces, il faut que le plan cardinal auquel elle se rapporte soit placé transversalement et verticalement devant l'œil du dessinateur. C'est, je le répète, un principe aujourd'hui adopté ; mais on ne s'est pas préoccupé d'en assurer l'exacte application, et il en est résulté des erreurs que j'ai déjà eu l'occasion de signaler. J'ai montré, par exemple, dans mon Mémoire *sur les projections de la tête* (1), que les graves confusions commises par des auteurs éminents, relativement à la situation du trou occipital, ont été la conséquence de l'orientation vicieuse de la face inférieure du crâne. Suivant que le dessinateur incline plus ou moins cette face dans un sens ou dans un autre, le trou occipital se trouve reporté de 10 à 15 pour 100 en avant ou en arrière.

(1) *Bull. de la Soc. d'anthropologie*, 1862, t. III, p. 524-527.

Il est donc nécessaire d'adopter un procédé qui permette d'orienter rigoureusement le plan cardinal du dessin ; mais il ne suffit pas de remplir cette indication : l'orientation n'est complète que lorsque les deux autres plans cardinaux sont exactement parallèles ou perpendiculaires à l'horizon. Ainsi, pour les dessins de profil, le plan médian du crâne étant rendu transversal et vertical, il faut encore que le plan horizontal de la tête soit rendu parallèle à l'horizon ; sans cela, les dents pourraient être placées trop haut ou trop bas, la partie postérieure du crâne obliquerait en sens inverse, et la ligne faciale prendrait une direction vicieuse. Il faut donc chercher un procédé qui assure l'orientation de deux des plans cardinaux du crâne ; quant au troisième plan, il se trouve fixé par là même, puisqu'il est perpendiculaire aux deux premiers.

Mais il est clair qu'avant toutes choses il est nécessaire de déterminer sur le crâne même la direction des plans cardinaux. Il n'y a jamais eu la moindre incertitude sur le plan médian, qui passe par plusieurs points parfaitement marqués à la surface du crâne. C'est sur le plan horizontal que portent les incertitudes. Pour les uns, le plan horizontal est celui de la table sur laquelle repose la face inférieure du crâne ; mais la présence ou l'absence des dents, leur longueur relative font déjà notablement varier le niveau du point d'appui antérieur. Quant au point d'appui postérieur, sans parler des apophyses styloïdes qu'on pourrait à la rigueur casser, il est fourni tantôt par les apophyses mastoïdes, dont la longueur varie au moins comme 1 est à 3, tantôt par le bord postérieur du trou occipital, ou par les bosses cérébelleuses, ou enfin par l'inion ou protubérance occipitale externe. L'orientation du crâne dépendrait donc de conditions extrêmement variables, qui dépendent à leur tour de caractères anatomiques d'un ordre tout à fait secondaire. M. de Baër a proposé, dans le congrès anthropologique de Gœttingue, en 1861, de prendre pour le plan horizontal du crâne celui qui passe par les deux arcades zygomatiques ; mais, ainsi que l'a fait remarquer M. Vogt, « l'arcade zygomatique n'est jamais droite ; ses bords, tant supérieur qu'inférieur, sont accidentés ; par conséquent, la direction de l'horizontale qu'on voudrait y faire passer serait déterminée par le sentiment de l'observateur bien plus que par des données réelles (1). » Le plan du trou occipital, proposé dans le même congrès, est un des éléments les plus variables du crâne. Celui qui passe par les deux conduits auditifs et l'épine nasale, et dans lequel est comprise la base de l'angle facial de Camper, ou du triangle facial de Cuvier, est certainement moins défectueux ; mais M. Vogt, qui l'a adopté faute de mieux, reconnaît pourtant qu'il ne correspond pas à la position normale de la tête, et qu'il relève un peu le visage ; il aurait pu ajouter qu'il le relève inégalement, suivant les individus et suivant les races, car la hauteur des trous auditifs au-dessus du plan des condyles occipitaux est très-variable.

Pour ma part, une expérience de plusieurs années m'a de plus en plus convaincu que le véritable plan horizontal de la tête est celui que j'ai indiqué, en 1862, dans mon Mémoire sur *les projections de la tête* (2). Ce plan, déterminé par le point médian de l'arcade alvéolaire et par la face inférieure des deux condyles de l'occipital, est parallèle à celui qui passe par les axes des deux orbites ; j'en ai donné devant vous, sur des crânes pris au hasard, la preuve expérimentale. Il est par conséquent horizontal lorsque l'homme debout regarde droit devant lui. C'est sur cette notion que reposent les procédés que j'emploie pour l'orientation du crâne, et que je vais maintenant exposer.

Je parlerai d'abord de l'orientation pour les dessins de profil.

Il s'agit de disposer le crâne au devant de l'écran du stéréographe, de telle sorte que le plan médian lui soit exactement parallèle, et que les deux autres plans cardinaux du crâne lui soient perpendiculaires. Pour cela, on fixe d'abord le crâne sur le *crâniophore*, dont j'ai donné la description et la figure dans mon Mémoire *sur le crâniographe* (3), et qu'il serait superflu de décrire ici de nouveau. Je me bornerai à rappeler que cet instrument (voy. pl. VI, fig. 3) se compose d'une base carrée et d'un support vertical qui pénètre à travers le trou occipital jusqu'à la voûte crânienne, et sur lequel le crâne peut être fixé dans une attitude quelconque par la pression excentrique d'une languette de fer *e f*. Le support a la forme d'un cylindre droit, à base elliptique, et le plan médian qui passe par son grand diamètre,

---

(1) *Leçons sur l'homme*, trad. franç. Paris, 1865, in-8°, p. 41-42.

(2) *Bull. de la Soc. d'anthrop.*, t. III, p. 518-521.

(3) *Mém. de la Soc. d'anthrop.*, t. I, p. 356 et pl. VII, fig. 2.

divise la base carrée du crâniophore en deux rectangles parfaitement égaux. Cette base, formée d'une pièce en bois de chêne de 2 centimètres d'épaisseur, s'applique sur la table du stéréographe (voy. fig. 1); elle est reçue, à frottement doux, dans une cavité de même forme, creusée dans le bois de la table, et disposée de telle sorte que deux de ses bords sont parallèles au plan de l'écran, les deux autres lui étant perpendiculaires. Il résulte de cette disposition que, lorsque le crâniophore est en place, le plan médian qui passe par son grand diamètre peut être parallèle ou perpendiculaire au plan de l'écran, mais ne peut prendre aucune autre direction. Par conséquent, si nous plaçons le crâne sur le support de manière à faire coïncider son plan médian avec le plan médian du crâniophore, la première condition de l'orientation sera remplie, c'est-à-dire que le plan cardinal auquel se rapporte le dessin, sera exactement parallèle au plan de l'écran.

Pour atteindre ce but, j'ai eu recours, dans la construction de mon premier crâniographe, à l'emploi de deux tiges de fer dites *auriculaires*, implantées sur la table de l'instrument, et supportant les deux fiches auriculaires qui, situées vis-à-vis l'une de l'autre, et haussées au même niveau de manière à pénétrer dans les deux conduits auditifs externes, se confondent avec l'axe biauriculaire du crâne. Cet axe se trouve ainsi perpendiculaire au plan de l'écran, et il en résulte que le plan médian du crâne, perpendiculaire à l'axe biauriculaire, est rendu parallèle au plan de l'écran. Ces deux tiges auriculaires ont l'inconvénient de gêner beaucoup le mouvement lorsqu'on veut dessiner une autre courbe que celle du profil; on peut y remédier en les rendant amovibles, mais cela exigerait une complication instrumentale assez grande, et inutile, parce que la seule courbe crâniographique qui soit vraiment importante est la courbe de profil. Il n'en est plus de même des dessins stéréographiques; quoique la vue latérale soit toujours la plus instructive, les autres ont aussi une grande utilité. J'ai donc cherché à substituer un autre mécanisme à celui des tiges auriculaires. J'ai d'ailleurs reconnu que l'une des oreilles était souvent située un peu plus haut et plus en avant que l'autre. Si tous les crânes étaient bien symétriques, toute ligne joignant deux points homologues serait exactement perpendiculaire au plan médian de la tête, mais j'ai déjà dit que la symétrie est souvent imparfaite. Au lieu donc d'orienter le crâne par un moyen indirect, à l'aide de lignes qui ne sont pas invariables, il m'a paru préférable de lui faire prendre purement et simplement, par un moyen direct, son attitude *naturelle*.

Si le plan médian de la tête est vertical, chez l'homme assis ou debout, c'est parce que les deux condyles de l'occipital sont sur le même niveau. Il suffirait que l'un deux fût abaissé d'un seul millimètre pour que la tête fût notablement inclinée vers le côté correspondant ; mais toutes les fois que le plan tangent à la face inférieure des condyles est horizontal, le plan médian de la tête, qui lui est perpendiculaire, est vertical. Or, il est facile de fixer le crâne sur le crâniophore dans une direction telle, que les deux condyles soient à la même hauteur. Il suffit de faire remonter le long du support du crâniophore un petit plateau horizontal qui va à la rencontre des condyles, et sur lequel on établit leur niveau. J'emploie pour cela un petit instrument en bois que je nomme la *libelle* (de *libella*, niveau) et qui sert en même temps à placer le point alvéolaire sur le niveau des condyles (voy. fig. 4). La libelle est plus difficile à décrire qu'à fabriquer. Il n'y a pas de menuisier qui ne puisse, avec un modèle sous les yeux, la construire en une heure. C'est une sorte d'équerre très-épaisse. Elle se compose d'une branche verticale *a*, haute de 8 centimètres, épaisse de 2, large de 4. Cette largeur de 4 centimètres est suffisante pour que les deux condyles, même dans les cas où ils sont le plus écartés, puissent reposer l'un et l'autre, en *c* et *c*, sur le bord supérieur de la libelle. La face postérieure de la branche verticale est creusée dans toute sa longueur d'une gouttière demi-cylindrique *b*, capable de s'adapter exactement sur le bord antérieur du support du crâniophore ; et comme ce support a la forme d'un cylindre elliptique, dont le plan médian, correspondant au grand axe de l'ellipse, est antéro-postérieur, la libelle, appliquée avec la main sur le bord antérieur du support, peut bien monter ou descendre, mais ne peut dévier ni à droite ni à gauche. Il en résulte que le fond de la gouttière est toujours vertical, et toujours situé dans le plan médian du crâniophore. Il en résulte encore que le bord supérieur de la libelle est toujours horizontal, et que, lorsqu'on l'amène au contact des deux condyles, ceux-ci sont rigoureusement placés sur le même niveau ; qu'en d'autres termes, le plan médian du crâne est vertical. Il ne s'agit plus

que de placer le point alvéolaire sur le niveau de la face inférieure des condyles, c'est-à-dire du bord supérieur de la libelle. A cet effet on a fixé, sur ce bord supérieur, une pièce
de bois horizontale *d*, qui complète la libelle, et lui donne la
forme d'une grosse équerre. La branche horizontale doit passer
au-dessous de l'os basilaire et de la voûte palatine pour
venir affleurer le point alvéolaire. Si elle était assez longue
pour dépasser ce point, elle serait arrêtée par les dents incisives; il faut donc qu'elle soit plus courte que le minimum
de la distance comprise entre le point alvéolaire et le trou occipital, distance qui, chez les divers sujets, peut varier de
plus de 3 centimètres. D'un autre côté, si la branche horizontale était réduite à ce minimum de longueur, elle reste-
rait, chez la plupart des sujets, très-éloignée du point alvéolaire,
qu'elle doit cependant atteindre. Il en résulte que sa longueur
doit pouvoir être augmentée ou diminuée à volonté. A cet
effet, j'ai fait faire sur le milieu de sa face supérieure une
rainure, où glisse une étroite rallonge *e* qui permet d'en dou-
bler la longueur. La partie fixe, étant longue seulement de
65 millimètres, ne peut jamais atteindre le point alvéolaire,
mais elle arrive toujours jusqu'au-dessous de la voûte palatine,
et il est facile alors de pousser la rallonge jusqu'au contact du
point alvéolaire. Lorsque ce contact est établi, les condyles
occipitaux reposant toujours sur le plan supérieur de la libelle, le crâne est orienté.

En effet :

1° Les deux condyles sont sur le même niveau; donc le
plan médian de la tête est vertical.

2° Le milieu du bord antérieur du trou occipital et le point
alvéolaire, qui sont deux points médians du crâne, sont situés
dans le plan médian de la libelle, qui n'est autre que celui du
crâniophore; donc le plan médian du crâne se confond avec le
plan du crâniophore.

3° Enfin, le point alvéolaire et la face inférieure des deux
condyles occipitaux sont dans le plan de la face supérieure
de la libelle, qui est horizontale; donc, la tête elle-même est
horizontale.

Le crâne étant ainsi complétement orienté, il ne s'agit plus
que de tourner la vis du crâniophore pour le fixer dans cette
position et rendre l'orientation définitive.

Cela posé, pour dessiner la face latérale du crâne, on place la base carrée du crâniophore dans la mortaise carrée de la table du stéréographe, de telle sorte que le plan médian du crâniophore, qui est le plan médian du crâne, soit parallèle à l'écran.

Lorsqu'on veut dessiner ensuite la face antérieure du crâne, on place la base du crâniophore dans la même mortaise, en tournant en dehors le côté de cette base qui correspond à la région faciale. Le crâniophore se trouve ainsi retourné d'un quart de cercle. Son plan médian est devenu perpendiculaire au plan de l'écran, et l'orientation des trois plans cardinaux du crâne est toujours parfaite.

Enfin, pour dessiner la face postérieure, on tourne en dehors l'autre côté de la base du crâniophore.

Lorsqu'on se propose de dessiner la face supérieure ou la face inférieure du crâne, ce procédé d'orientation n'est plus applicable. C'est ici, cependant, que l'emploi d'un moyen rigoureux est le plus nécessaire, car la moindre déviation du plan horizontal de la tête peut faire rentrer la région faciale au-dessous de la région du crâne, ou la faire saillir en avant, et donner une apparence de prognathisme à un crâne orthognathe, ou réciproquement. Après divers essais qu'il serait inutile de raconter ici, je me suis arrêté au procédé suivant :

Le crâne est suspendu au-devant de l'écran à l'aide d'un appareil que je désignerai sous le nom de *suspenseur*. Le suspenseur (pl. VI, fig. 5) se compose d'une tablette horizontale en bois dur *a*, de laquelle s'élèvent deux poteaux verticaux *b b*, également en bois, hauts de 18 centimètres et séparés par une distance de 16 centimètres et demi, qui permet de placer entre eux, suivant sa largeur, le crâne le plus large. Ces poteaux ont une épaisseur de 4 à 5 centimètres. Chacun d'eux, vers sa partie supérieure, est creusé, d'outre en outre, d'un trou bien cylindrique de 6 millimètres au moins de diamètre, dans lequel glisse à frottement une baguette en fer *c c*, dite *fiche auriculaire*. Les deux trous, placés vis-à-vis l'un de l'autre, se correspondent exactement ; leurs deux axes se confondent en un seul, de sorte que lorsqu'on pousse les fiches auriculaires l'une vers l'autre, leurs extrémités, terminées en pointe émoussée, arrivent au contact. En outre, l'axe commun des deux trous, ou des deux fiches auriculaires, est horizontal, et situé dans le plan vertical qui divise en deux parties égales la base du suspenseur. La tête étant placée entre les deux supports, la mâchoire tournée en bas, les deux fiches auriculaires sont poussées dans les deux conduits auditifs, et forment un pivot autour duquel le crâne peut tourner librement. Comme ce pivot est situé bien plus près de la base du crâne que de sa voûte, le poids des parties tend à faire descendre le vertex, et si le crâne était abandonné à lui-même, il tournerait sa face inférieure en haut. Pour maintenir la face dirigée en bas, il faut exercer une pression assez forte sur l'arcade alvéolo-dentaire, ou lui opposer un obstacle. Une mince lame de fer *d*, placée de champ et insérée sur la base du suspenseur, mais pouvant avancer ou reculer suivant les besoins, est poussée vers cette arcade, empêche le mouvement de bascule, et le crâne se trouve ainsi parfaitement fixé. Mais il s'agit d'arrêter la bascule au moment où le plan horizontal du crâne est devenu exactement vertical. On y parvient à l'aide d'un fil à plomb, et d'un morceau de bois large de 4 centimètres, qu'on applique sur la face inférieure des condyles de l'occipital. Du milieu de ce morceau de bois, on fait descendre le grain de plomb jusqu'au niveau du point alvéolaire. Lorsque celui-ci affleure exactement le plomb, on pousse la lame de fer jusqu'au contact de l'arcade alvéolo-dentaire, on la fixe, et le crâne se trouve à la fois fixé et orienté.

Il est orienté, car 1° le plan condylo-alvéolaire est vertical, donc la face inférieure de la tête est verticale;

2° L'axe biauriculaire du crâne est horizontal, donc le plan médian du crâne, qui lui est perpendiculaire, est vertical.

On n'a pas oublié que l'axe biauriculaire est situé dans le plan vertical qui divise la base du suspenseur en deux parties égales. Or, cette base orthogonale et parfaitement symétrique est limitée par deux bords parallèles, qui sont en outre parallèles à l'axe biauriculaire, c'est-à-dire perpendiculaires au plan médian du crâne. Pour que le crâne, déjà orienté par rapport à l'appareil qui le supporte, soit orienté en outre par rapport à l'écran, il suffira que le suspenseur lui-même soit orienté par rapport à l'écran, c'est-à-dire que les bords de sa base soient parallèles aux bords de la table du stéréographe. Pour cela, on a adapté, au-dessous de la base du suspenseur, une tablette carrée qui fait une saillie de 1 centimètre, et dont le côté est égal à celui de la mortaise carrée creusée dans l'épaisseur de la table du stéréographe. Lorsque la base du suspenseur est introduite dans cette mortaise, ses deux côtés sont parallèles à l'écran, ainsi que l'axe biauriculaire ; par conséquent le plan médian du crâne est perpendiculaire à l'écran, et son plan horizontal, devenu vertical, est parallèle à l'écran. En d'autres termes, le crâne est orienté.

Pour dessiner la face supérieure (*norma verticalis* de Blumenbach), on tourne vers l'écran le côté du suspenseur qui correspond à la base du crâne. Pour dessiner la face inférieure, on retourne le suspenseur en sens inverse.

Il y a, dans l'appareil instrumental que je viens de décrire, deux parties bien distinctes. L'une, qui est accessoire, est constituée par le crâniophore, la libelle, le suspenseur, le fil à plomb, instruments simples et peu coûteux, que tout menuisier peut construire, et qui sont destinés à obtenir l'orientation du crâne. Ceux qui n'adoptent pas ma manière de voir sur la détermination du plan horizontal de la tête pourront aisément modifier ces instruments accessoires pour orienter le crâne d'une autre manière.

Quant à l'appareil fondamental, qui est le stéréographe proprement dit, ses applications ne sont plus limitées, comme celles du crâniographe, à la représentation du crâne humain. Son utilité est plus générale. La suppression des tiges auriculaires permet de disposer sur la table du stéréographe tous les corps dont la longueur et la largeur n'excèdent pas les dimensions de l'écran, et dont l'épaisseur n'excède pas la distance comprise entre les deux branches de l'avant-bras. Rien ne serait facile, au surplus, comme de donner plus d'étendue à l'écran, plus de longueur et d'écartement aux branches, et de dessiner des corps bien plus volumineux, comme la tête d'un grand mammifère, ou un buste humain de grandeur naturelle. J'ai lieu de croire, par conséquent, que le stéréographe ne sera pas utile seulement aux anthropologistes et qu'il pourra rendre d'autres services dans les sciences, les arts, et l'industrie.

Il y a une circonstance qui restreint quelque peu les applications du stéréographe : composé de pièces qui se déploient dans trois directions différentes, il occupe beaucoup de place, et n'est guère qu'un instrument de laboratoire. Il ne peut se loger dans une malle, et on est obligé, pour le transporter, de l'emballer dans une caisse spéciale, fort embarrassante pour le touriste. Il partage cet inconvénient avec le crâniographe, et, sous ce rapport, l'appareil de Lucæ est bien plus commode. J'ai essayé de faire face à cette difficulté en rendant les pièces séparables ; et j'ai fait construire un crâniographe qui, une fois démonté en trois pièces, pouvait se mettre à plat dans le fond d'une malle. Mais les mortaises d'union jouaient toujours, et chaque fois que je remontais l'instrument, je trouvais qu'il était faux. On conçoit, en effet, que la moindre déviation doive fausser un appareil qui perd toute sa précision lorsque les pièces qui le composent ne sont plus rigoureusement orthogonales. Il ne serait certainement pas impossible de trouver un mécanisme qui permît de démonter et de remonter toutes les pièces sans compromettre la solidité et l'exactitude de l'appareil ; mais ce mécanisme serait compliqué : il faudrait en outre substituer le métal au bois, et la construction serait beaucoup trop coûteuse.

A vrai dire, la seule partie essentielle du stéréographe est l'armature métallique composée de l'avant-bras ab, et du bras cd, y compris la potence d, sous laquelle s'articule le bras (fig. 1); et si l'on n'avait pas besoin d'orienter géométriquement les objets à dessiner, on pourrait se borner à emporter cette armature avec soi. Il faudrait ensuite, pour s'en servir, l'adapter sur une large planche, ou sur une porte, à laquelle la potence d serait fixée perpendiculairement, et qui servirait en outre d'écran. Les artistes pourraient, d'ailleurs, se contenter de cette armature isolée, qu'ils fixeraient à demeure sur l'une des murailles de leur atelier.

Il n'en est pas moins vrai qu'il serait désirable de pouvoir transporter aisément le stéréographe sans s'exposer à le fausser. C'est un *desideratum* que je suis le premier à signaler, et, n'ayant pu jusqu'ici résoudre la difficulté, j'ai été conduit à essayer d'autres procédés graphiques qui pourront peut-être trouver plus tard leur application, et dont je demande la permission de dire, en terminant, quelques mots.

Il y avait une seconde circonstance qui me faisait désirer un instrument graphique disposé autrement que le stéréographe. A l'exception des croquis à la main qui peuvent être faits à distance, tous les autres procédés de reproduction, la photographie elle-même, exigent que les objets soient confiés à l'opérateur. C'est une difficulté qui peut devenir grande, lorsqu'il s'agit d'un objet précieux ou fragile enfermé dans les vitrines d'un musée. Si le diopter de Lucæ pouvait rouler sur une glace verticale, si l'encre grasse pouvait couler dans une plume horizontale, la difficulté disparaîtrait ; mais il est clair que cet appareil ne peut s'appliquer que sur un plan horizontal.

On sait que le diopter se compose de deux points de mire mis en ligne droite avec le bec de la plume ; la charpente de l'instrument, les trois pieds à roulette qui le soutiennent, sont disposés de manière à maintenir l'axe de vision toujours parallèle à lui-même, et toujours perpendiculaire à la vitre au-dessous de laquelle l'objet est placé ; mais cet appareil roulant n'est en équilibre que sur une vitre horizontale. Pour redresser la vitre, il faut trouver le moyen de maintenir d'une autre manière le parallélisme et la perpendicularité de l'axe de vision. On y parviendrait aisément en faisant subir au stéréographe une modification très-légère. Supposons l'écran remplacé par une vitre ; le crâne, au lieu d'être introduit entre les deux branches a et b de l'avant-bras, serait placé derrière la vitre et les deux points de mire seraient disposés dans l'axe des deux tubes horizontaux (1) à la place de la tringle de la branche b, et du porte-crayon de la branche a. Enfin, il faudrait ajouter à la branche a un petit mécanisme conduisant au contact de la vitre, dans l'axe de vision, le bec d'une plume oblique. Tout cela est facile ; mais il s'agit de faire marquer la plume sur le verre, et c'est ce que je n'ai pu obtenir jusqu'ici. S'il y a, en effet, telle direction de la branche a qui incline en bas le bec de la plume et permette à l'encre d'y couler, cette inclinaison fera place à une inclinaison inverse lorsque la branche sera dirigée dans un autre sens.

N'espérant plus obtenir par ce procédé le calque direct de l'objet, puisque les crayons qu'on pourrait substituer à la plume ne marqueraient pas sur le verre, j'ai cherché un moyen de transporter sur un écran opaque, placé au delà de

____

(1) Le point de mire de la branche b serait constitué par un trou d'épingle percé dans l'axe du tube a, et sur lequel on appliquerait l'œil ; celui de la branche a serait formé par deux fils entrecroisés dans l'axe du tube b. C'est une disposition qui a fait semblable à celle du diopter.

la lame de verre, le dessin virtuel que décrit sur cette lame
l'axe de vision déterminé par les deux points de mire. Cette
idée m'a été suggérée par un essai ingénieux de mon collègue
et ami M. Morpain. Ce n'était pas avec des points de mire,
mais avec une tringle conique horizontale mise en mouvement
par le doigt, que M. Morpain suivait les contours du crâne;
celui-ci, disposé sur le crâniophore, était placé à côté de l'é-
cran, et sur un plan postérieur. Un pantographe vertical
isocèle, articulé sur le bord de l'écran, envoyait une de ses
branches au-devant du crâne, tandis que l'autre se mouvait
au-devant de l'écran, qu'elle affleurait. La branche crânienne
supportait à son extrémité la tringle exploratrice; l'autre
branche supportait à son extrémité le crayon perpendiculaire
à l'écran. On sait que les branches du pantographe isocèle
décrivent, dans leurs mouvements associés, des figures de
même dimension, égales et renversées. M. Morpain obtenait
donc sur l'écran le dessin retourné du crâne, dont sa tringle
exploratrice parcourait les contours.

Cet instrument est moins simple et bien plus difficile à
manier que le stéréographe; mais, le dessin se faisant sur le
côté, et non en face de l'objet, on peut évidemment remplacer la tringle exploratrice par un tube à points de mire.
Toutefois, le maniement du pantographe vertical exige que
l'action des deux mains soit surveillée continuellement par
les yeux, ce qui n'est pas possible avec la nécessité de fermer
un œil pour viser avec l'autre à travers les points de mire.
Il est d'ailleurs assez difficile, j'en ai fait l'expérience avec
l'instrument de M. Morpain, de suivre sur l'écran les progrès
d'un dessin renversé. J'ai donc cherché à obtenir, par un autre
mécanisme, des dessins latéraux et droits.

J'y suis parvenu de la manière suivante : Supposons qu'une
règle horizontale se meuve au-devant d'un écran vertical en
l'affleurant toujours, et en restant toujours horizontale, qu'elle
puisse monter ou descendre, avancer ou reculer, mais sans
jamais perdre son parallélisme, et sans jamais s'écarter de
l'écran. Chaque point de cette règle, pouvant se mouvoir en
tous sens dans le plan de l'écran, pourra parcourir tous les
contours d'une figure quelconque. En même temps que lui,
tous les autres points de la règle placés sur le même niveau
dessineront une figure identique égale, et dirigée dans le

même sens. Cette proposition de géométrie est trop simple pour avoir besoin de démonstration.

Maintenant prenons une lame de verre égale à l'écran, et plaçons-la sur le prolongement de l'écran. Puis, amenons l'une des extrémités de la règle vers le milieu de l'écran ; l'autre extrémité s'arrêtera donc vers le milieu de la vitre. Enfin, adaptons une très-courte pointe de crayon sur la première extrémité, et une pointe métallique d'égale longueur sur l'autre extrémité. Toutes les figures que nous tracerons sur la vitre avec la pointe métallique seront dessinées sur l'écran par le crayon, et, par exemple, si nous appliquons un dessin quelconque derrière la vitre, il nous suffira de le calquer avec la pointe pour en reproduire exactement l'esquisse sur l'écran. Ce procédé pourrait déjà être utilisé pour calquer des dessins sous verre. Mais ce n'est point là notre but.

Au lieu d'un dessin tout fait, plaçons derrière la vitre, et à une distance quelconque, un crâne ou tout autre corps solide que nous nous proposons de dessiner, et, comme la pointe métallique ne pourrait plus nous servir, substituons-lui un tube muni de deux points de mire semblables à ceux du diopter. Ce tube, perpendiculaire au plan de la vitre, doit avoir 20 centimètres de longueur, afin que le second point de mire, constitué par des fils entre-croisés, soit placé au delà de la limite inférieure de la vision distincte, et continue à être visible lorsque l'œil se fixera sur des objets placés derrière la vitre. On l'adapte à angle droit sur l'extrémité de la règle, sur celle qui correspond à la vitre, bien entendu, et, appliquant l'œil sur le trou d'épingle qui constitue le point de mire oculaire, on vise successivement tous les contours de l'objet. L'axe de vision, restant toujours perpendiculaire à la vitre, décrit sur celle-ci un dessin virtuel qui est l'exacte projection de l'objet visé, et qui est reproduit sur l'écran par le crayon placé à l'autre extrémité de la règle. Ce dessin est de grandeur naturelle, quelle que soit la distance à laquelle l'objet se trouve placé. Mais il est clair que, si la distance dépassait 1 ou 2 mètres, il faudrait allonger le tube qui porte les points de mire : sans cela les fils cesseraient d'être bien distincts lorsqu'on viserait l'objet.

Le tube sert de poignée pour manier la règle. Si les mouvements devaient être faits à main levée, ils manqueraient de précision; mais la vitre, sur laquelle on appuie la règle, fournit un point d'appui qui rend la manœuvre plus facile.

Il s'agit maintenant d'assujettir la règle à l'aide d'un mécanisme qui, sans l'empêcher de se mouvoir librement dans le plan de l'écran, la maintienne toujours horizontale, et parallèle à ce plan. On peut y parvenir de plusieurs manières. J'ai présenté à la Société, et déposé dans son laboratoire, deux appareils fort simples qui remplissent tous deux cette condition.

Le premier se compose de deux parallélogrammes articulés sur le plat et superposés. Le parallélogramme supérieur se fixe, par son bord supérieur, à 15 centimètres au-dessus de l'écran. Son bord inférieur affleure l'écran, sur lequel il se meut en restant toujours horizontal; mais chacun de ses points ne peut se mouvoir que sur un arc de cercle. Ce même bord constitue le bord supérieur du second parallélogramme, qui descend de la même manière en affleurant le plan de l'écran. C'est le bord inférieur du second parallélogramme qui supporte la règle. Celle-ci, restant toujours parallèle aux deux bases du premier parallélogramme, est par là même toujours horizontale et parallèle au plan de l'écran; mais, tandis que la base supérieure ne peut exécuter que des mouvements restreints, la base inférieure et la règle qu'elle supporte peuvent, grâce au jeu de deux articulations superposées, se promener à volonté sur tous les points de l'écran. La règle doit naturellement être plus longue que le parallélogramme, afin qu'une de ses extrémités restant au-devant de l'écran, l'autre puisse arriver au-devant de la vitre.

Le modèle déposé dans le laboratoire de la Société est construit en bois; j'en possède un autre que j'ai fait construire en cuivre, et qui n'a aucun avantage sur l'autre.

J'ai obtenu le même résultat à l'aide d'un autre mécanisme qui pourra paraître plus simple, et qui est tout aussi précis, mais qui est moins commode pour la main. Il se compose d'un seul parallélogramme articulé sur le plat, et dont la base, au lieu d'être fixe, glisse dans une coulisse horizontale fixée sur le bord inférieur de l'écran. Les deux bases du parallélogramme sont courtes (12 centimètres); ses deux autres côtés ont, au contraire, une longueur supérieure d'un tiers au moins à la hauteur de l'écran, de sorte qu'elles sont toujours très-obliques, lorsque la base supérieure, qui supporte la règle, est placée au-devant de l'écran. La règle, fixée sur la base supérieure d'un parallélogramme dont la base inférieure est horizontale, reste toujours parallèle à l'horizon, et à l'écran. Si la base inférieure était fixe, chaque point de l'autre base (ou de la règle) ne pourrait se mouvoir que sur un arc de cercle, dont le centre serait placé sur le point homologue de la base inférieure. Mais, celle-ci pouvant glisser dans la rainure, le centre des arcs de cercle avance ou recule à la moindre pression, et chaque point de la base supérieure peut ainsi être amené à volonté sur tous les points de l'écran. Lorsqu'on dessine des objets situés au niveau de la moitié inférieure de l'écran, les mouvements que la main communique à l'extrémité de la règle se font très-facilement, parce qu'ils sont transmis à la base qui glisse dans la rainure par les branches latérales du parallélogramme, lesquelles sont très-obliques. Mais lorsqu'on veut atteindre des points plus élevés, l'obliquité des branches latérales diminue, et il y a une perte de force qui gêne beaucoup le maniement de l'instrument. Cet inconvénient n'existe pas dans le système du double parallélogramme, qui me paraît bien préférable.

L'appareil à points de mire que je viens de décrire peut dessiner des objets placés à deux mètres de distance, et plus, même lorsqu'ils sont enfermés dans une vitrine. Comme toutes les pièces qui le composent sont dans un même plan, à l'exception du tube à points de mire, qui peut être aisément dévissé, il est très-facile à transporter. Il réunit donc les deux avantages qui manquent au stéréographe. Mais il ne dessine que les parties directement accessibles à l'œil, tandis que le stéréographe, comme on l'a vu, dessine en outre les parties rentrantes que l'on peut atteindre avec la tringle recourbée ; et au point de vue crâniographique, qui nous préoccupe particulièrement, cette circonstance constitue un avantage décisif en faveur du stéréographe. Le stéréographe a une autre supériorité qui ne doit pas être dédaignée : c'est qu'il est beaucoup plus facile à manier. Il n'est personne qui ne puisse, du premier coup, obtenir avec cet appareil des dessins très-corrects et très-purs. Le maniement de l'appareil à points de mire exige, au contraire, une certaine éducation, et est comparable sous ce rapport, à celui du diagraphe. Quoique la main qui

manie le tube à points de mire trouve un point d'appui su[r]
vitre verticale, il faut beaucoup d'attention et d'habitude [pour]
éviter les écarts. Les premiers essais que j'ai faits ne m[']
donné que des lignes incertaines et tremblées, c'est seule[ment]
après plusieurs séances que j'ai enfin obtenu des dessins
sentables, et toujours moins purs que ceux du stéréogra[phe.]
Je suis convaincu que, si j'avais persévéré plus longtemp[s, je]
serais parvenu à donner à ma main plus de précision [pour]
rendre mes dessins parfaitement purs, et j'ai lieu de croire
les personnes qui s'occupent spécialement de la reprodu[ction]
des objets d'art pourraient trouver dans l'appareil à poin[ts de]
mire un auxiliaire très-utile, plus commode, plus fac[ile à]
transporter et à installer que les appareils photographi[ques,]
la chambre claire, et le diagraphe. Mais il me paraît ce[rtain]
qu'un instrument qui exige une éducation spéciale a pe[u de]
chance d'être accepté par les anthropologistes, car ils [ont]
mieux à faire que de s'exercer la main. Dessinateurs par [occa-]
sion, ils donneront sans doute, comme moi, la préférenc[e au]
stéréographe. J'aurais donc pu, et peut-être dû me dispe[nser]
d'indiquer ici les essais que j'ai faits pour substituer le di[agraphe]
horizontal aux tringles traçantes du stéréographe. Si je l[es ai]
mentionnés, c'est parce qu'il ne me paraît pas impo[ssible]
qu'ils puissent être utilisés plus tard.

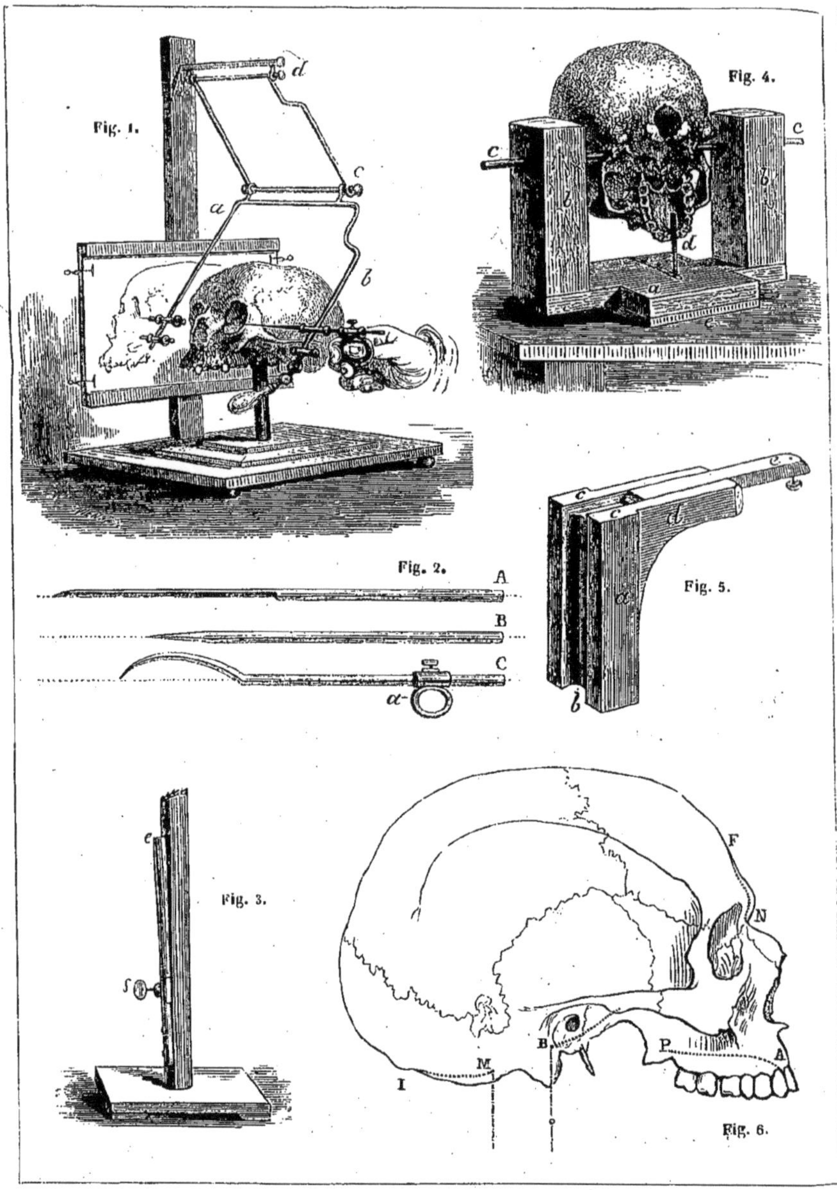

Le Stéréographe de M. Broca.

EXPLICATION DE LA PLANCHE VI.

—

Fig. 1. Le *stéréographe* dans son ensemble; le crâne, supporté et
orienté sur le crâniophore, est disposé pour le dessin de
profil (un dixième de la grandeur naturelle). — Pour la
description, voir p. 100 et suiv.

Fig. 2. Les *trois tringles* du stéréographe (réduction au quart) :
A, la tringle ou couteau pour suivre les contours extrêmes
des corps. (Voir p. 102.)
B, la tringle conique pour dessiner les autres contours ou
lignes extrêmes. (C'est cette tringle qui est en place sur
la figure 1.)
C, la tringle recourbée pour dessiner les parties rentrantes
ou masquées par des saillies osseuses. (Voir p. 105.)
L'anneau mobile *a*, qui sert à manier cette tringle, s'ap-
pplique également sur les deux autres.

Fig. 3. Le *crâniophore* (réduction au cinquième) : *e f*, la languette
de fer que la vis *f* fait écarter du bord postérieur du support vertical, et dont la pression excentrique sur le bord
postérieur du trou occipital suffit pour fixer les crânes.
(Voir p. 111.)

Fig. 4. La *libelle* (réduction au tiers) : *a*, sa branche verticale; *b*, la
gouttière de sa face postérieure; *c c*, son bord supérieur,
sur lequel doivent reposer les condyles de l'occipital;
d, sa branche horizontale, que l'on peut prolonger au
moyen de la rallonge *e*. (Voir p. 113.)

Fig. 5. Le *suspenseur* (réduction au septième) : *a*, la base ou table
du suspenseur; *b b*, les deux supports verticaux; *c c*, les
deux fiches auriculaires; *d*, la lame de fer verticale qui
fixe l'arcade alvéolaire.

F̄ɪɢ. 6. *Profil stéréographique du crâne* (réduction au tiers). Les deux lignes verticales ponctuées qui aboutissent aux points B et M donnent la projection du support du crâniophore. Celle de ces deux lignes verticales qui passe par le point basilaire B constitue l'axe vertical de la tête. Pour avoir l'axe horizontal de la tête, il faut abaisser sur cette ligne, du point alvéolaire A, une perpendiculaire. Toutes les parties dessinées avec les tringles droites et le crayon noir sont en traits pleins. Celles qui ont été dessinées avec la tringle recourbée sont en lignes ponctuées. Ainsi la ligne ponctuée N F est la courbe médiane de la base du front, tandis que la ligne pleine N F est la courbe de profil. De même I M est la courbe médiane de l'occipital ; A P est la projection de la voûte palatine masquée par les dents et les arcades alvéolaires. Enfin, la ligne ponctuée qui part du point B, et se dirige en avant et en haut, est la projection de la face inférieure de l'apophyse basilaire.

PARIS. — TYPOGRAPHIE HENNUYER ET FILS, RUE DU BOULEVARD, 7.

9 782019 685737